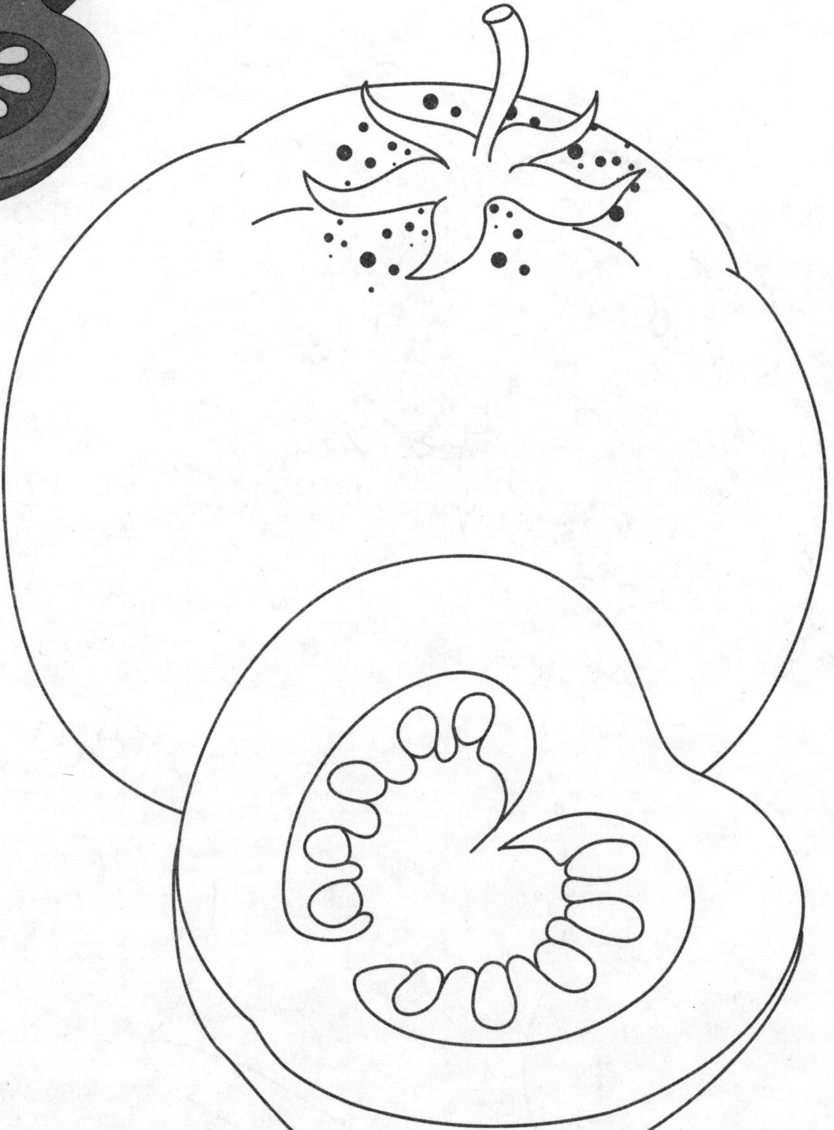

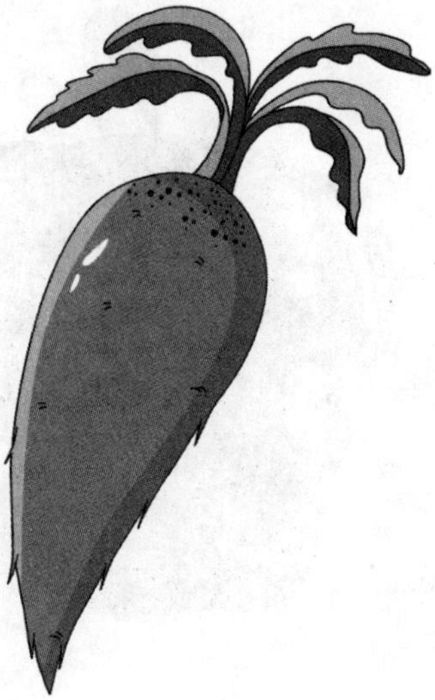

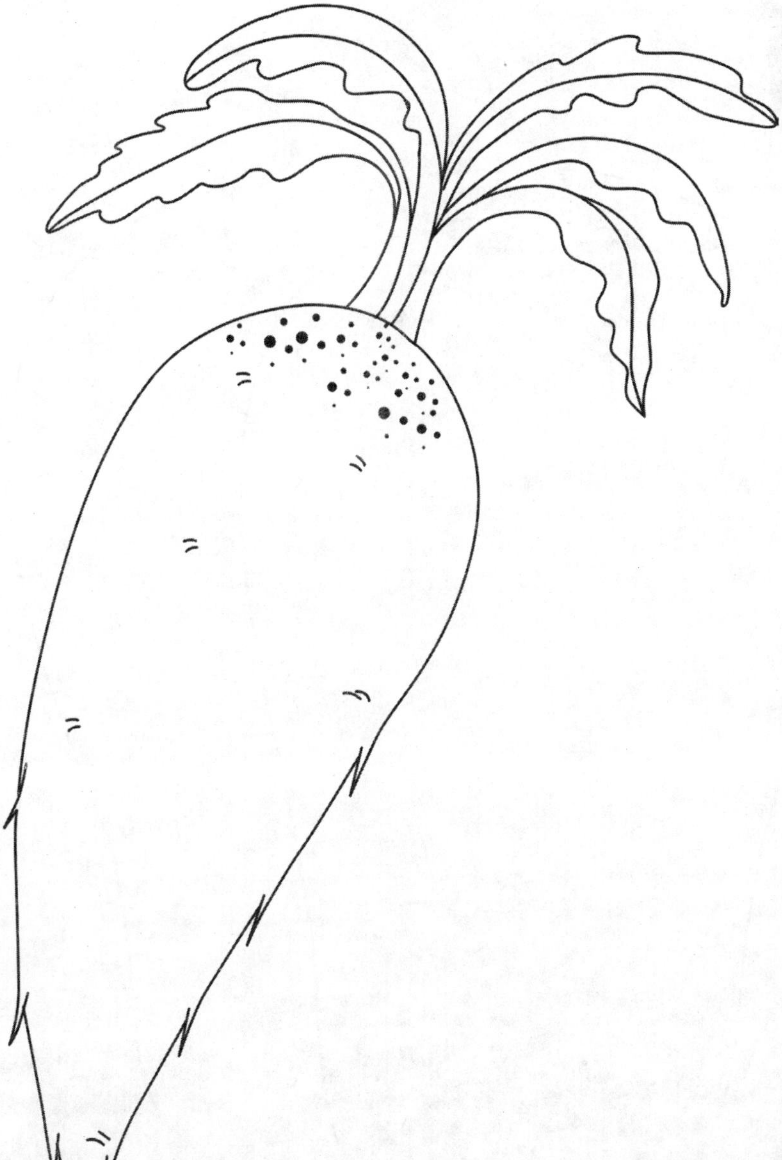

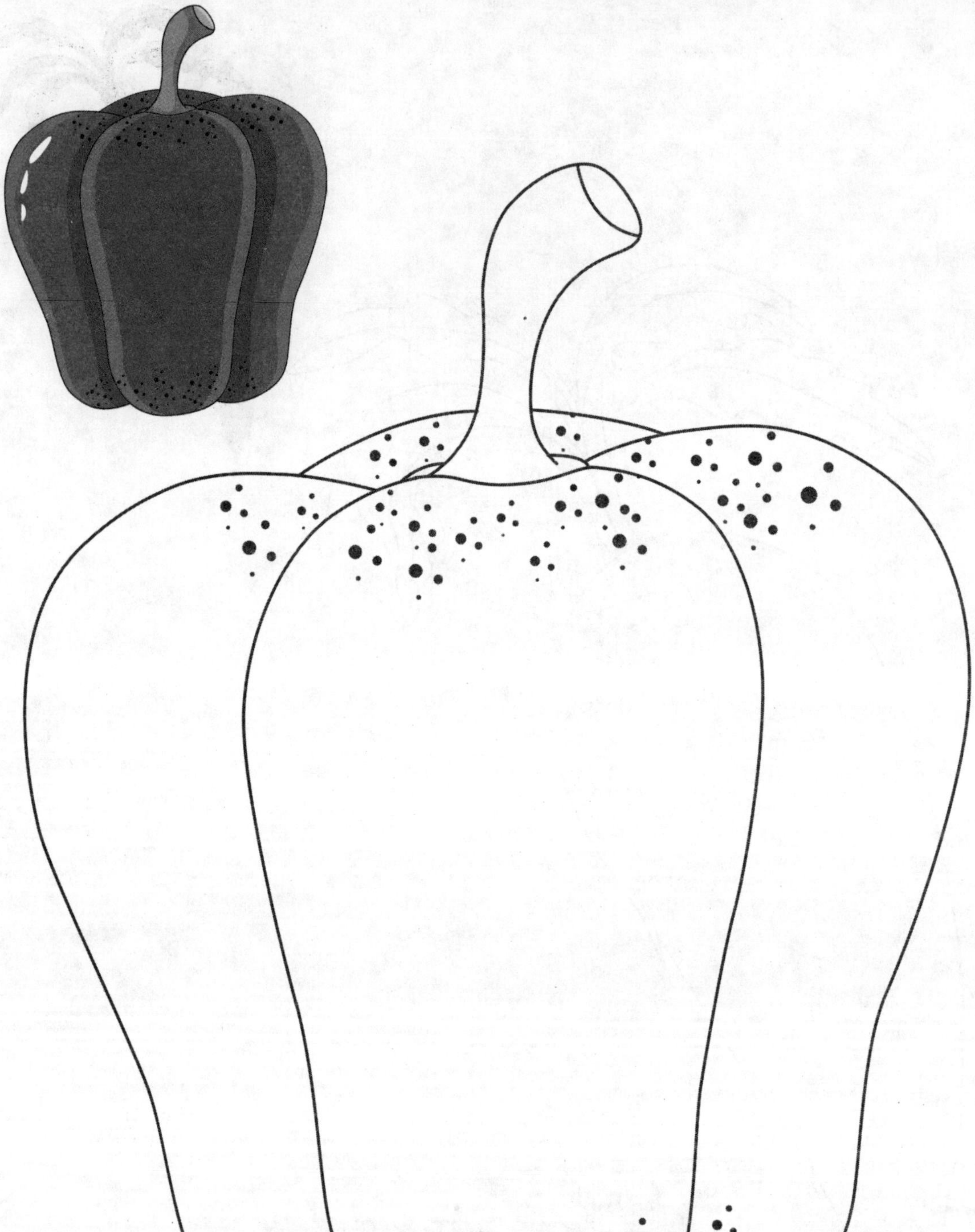

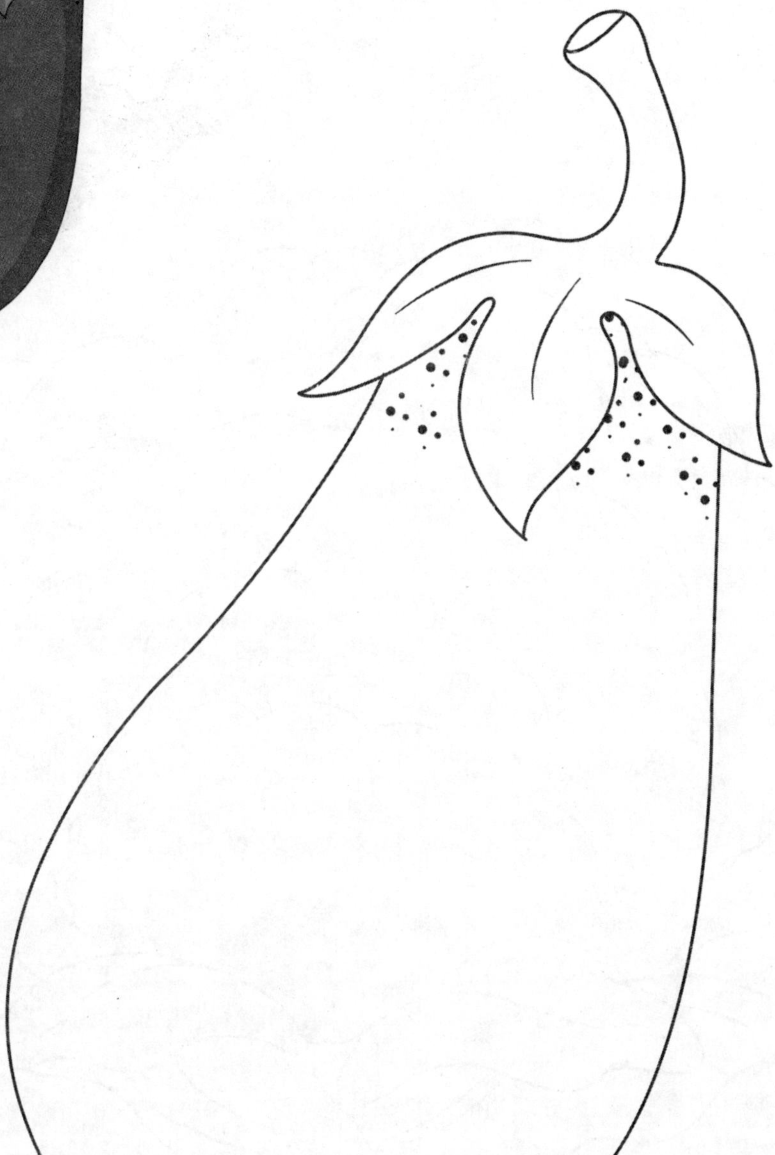

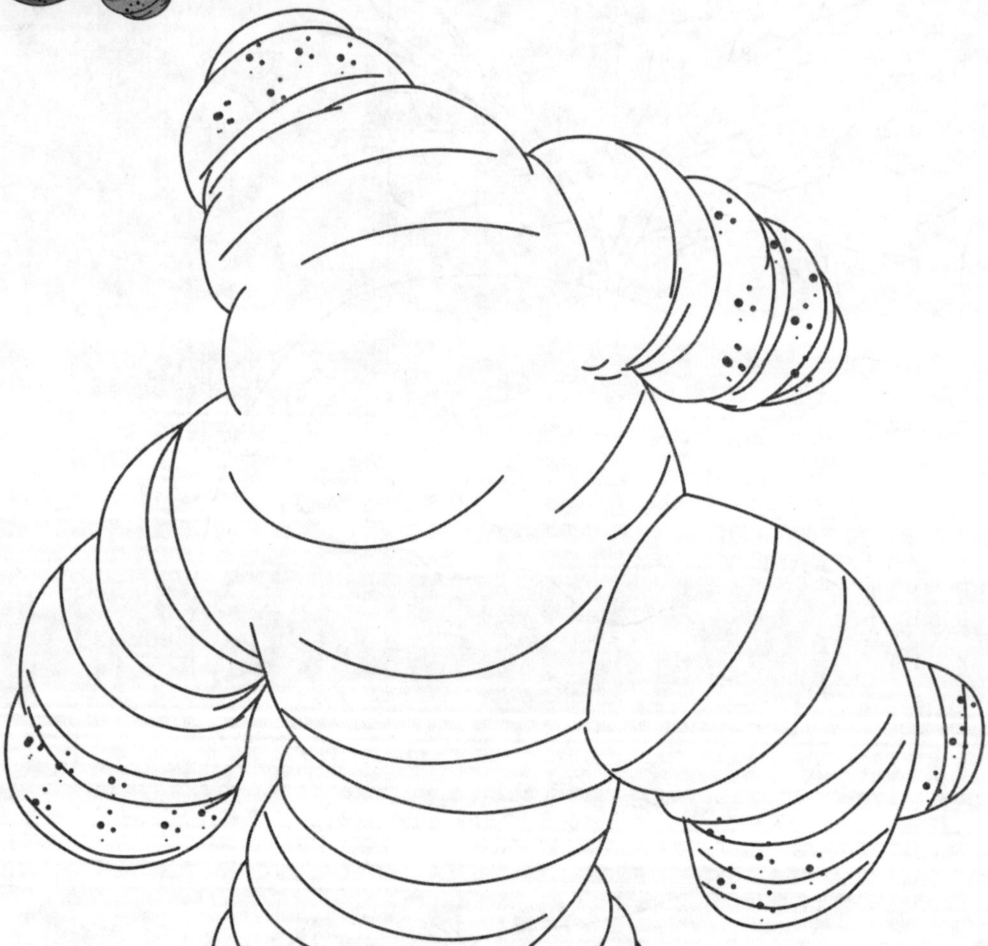

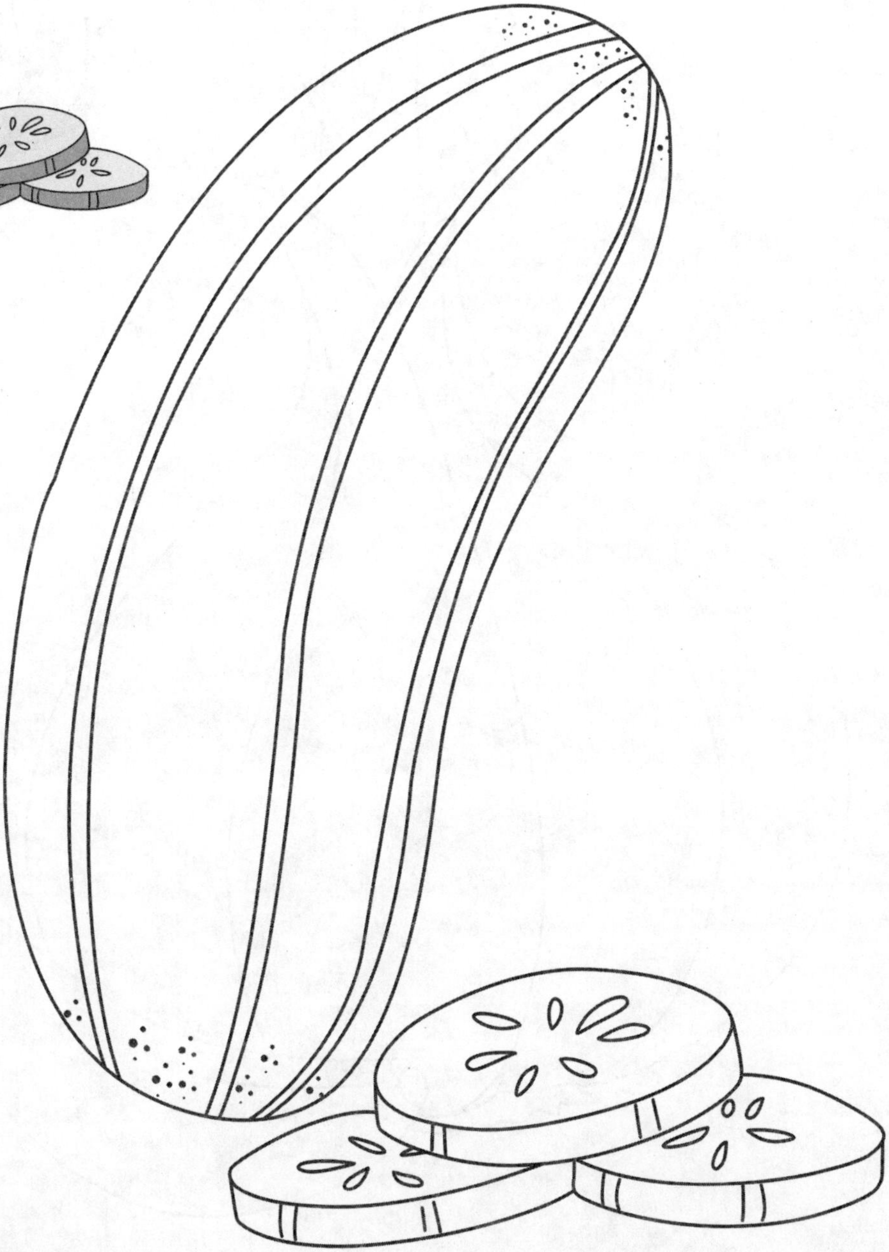

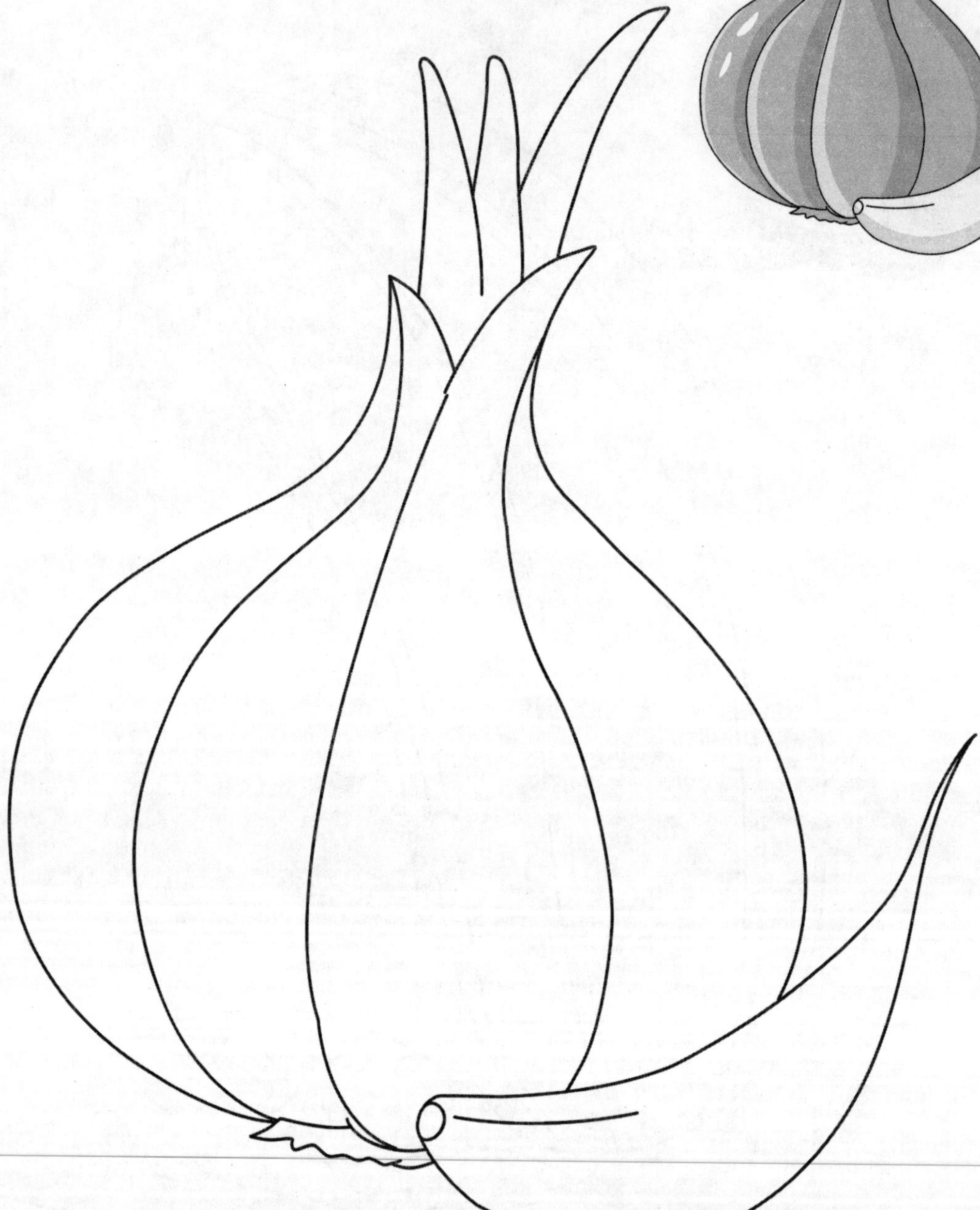

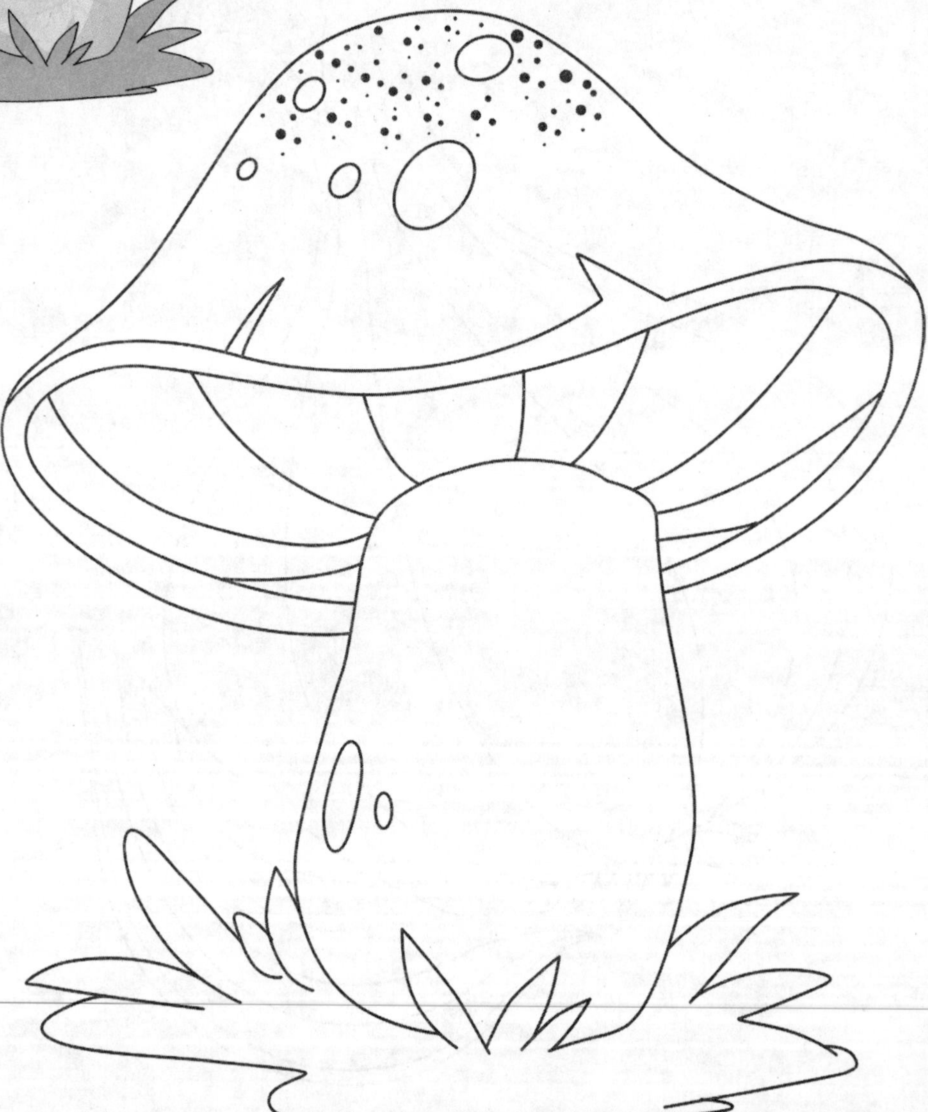

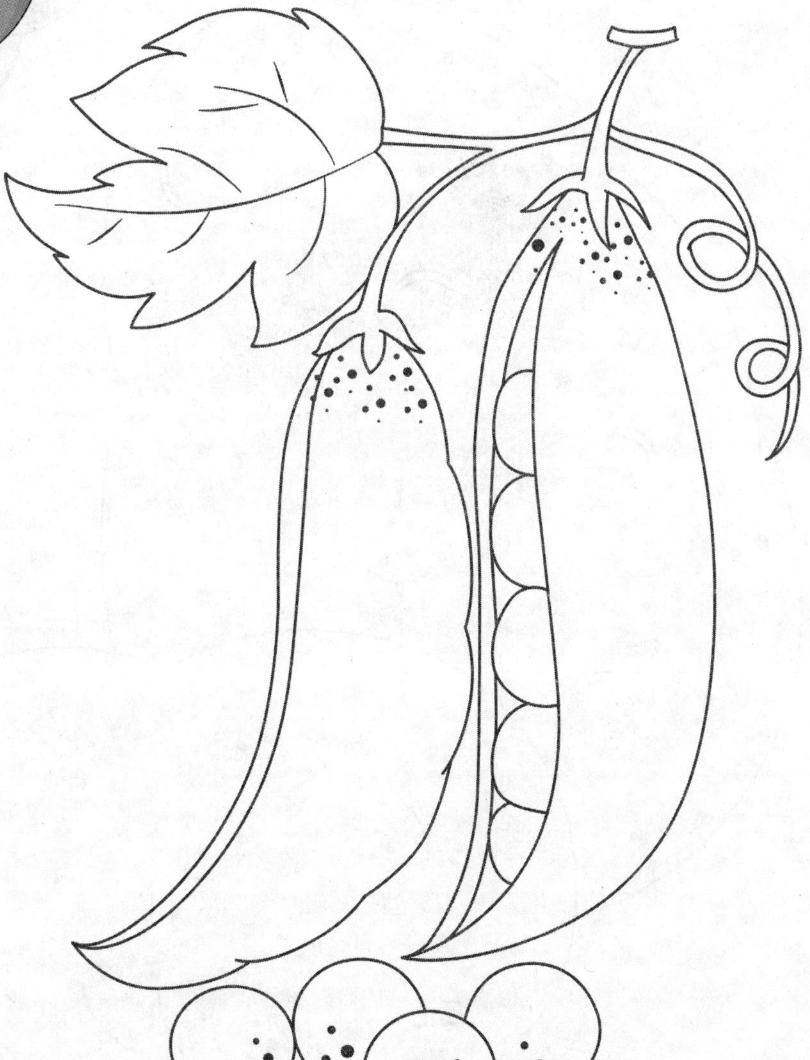

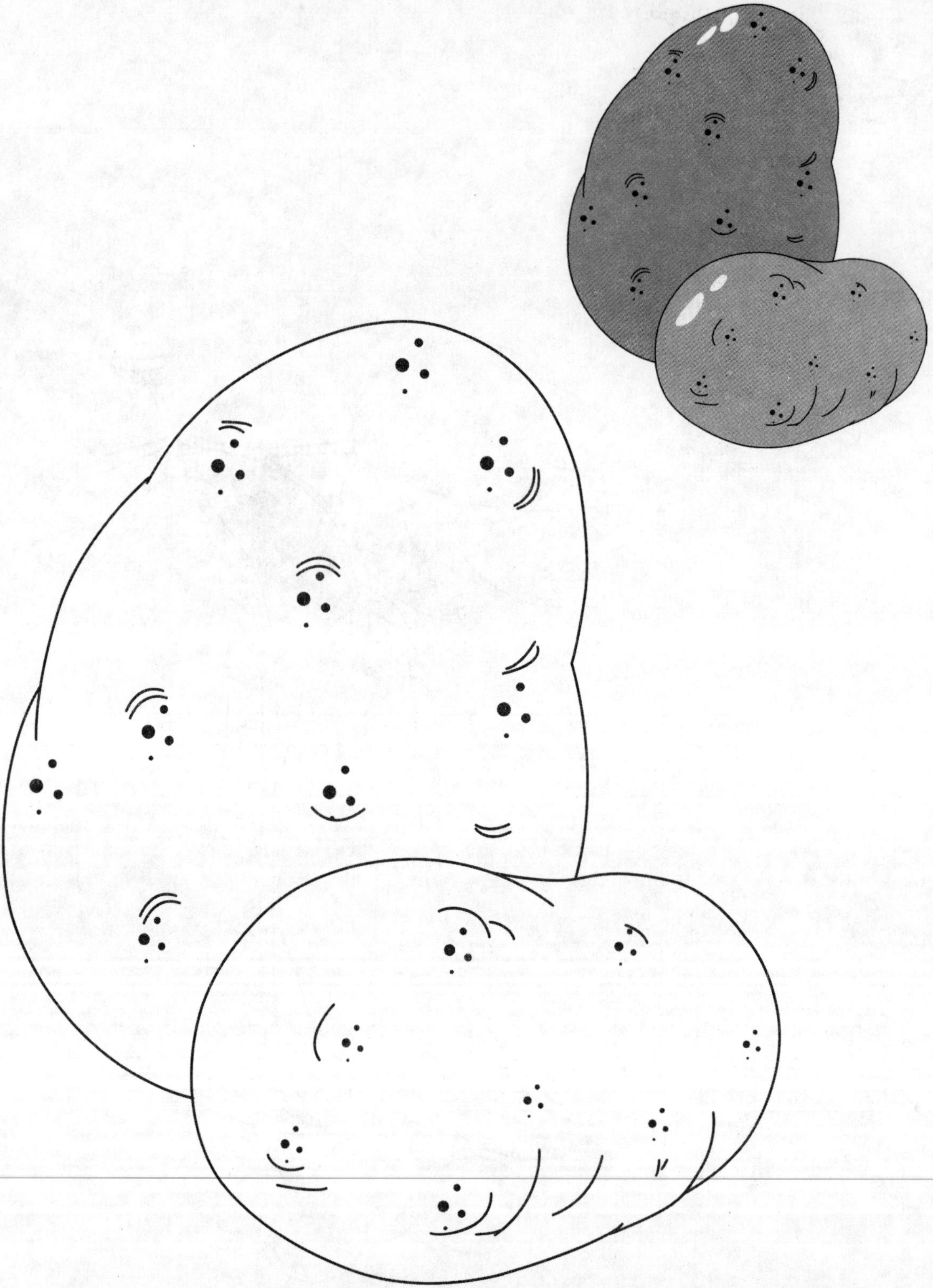

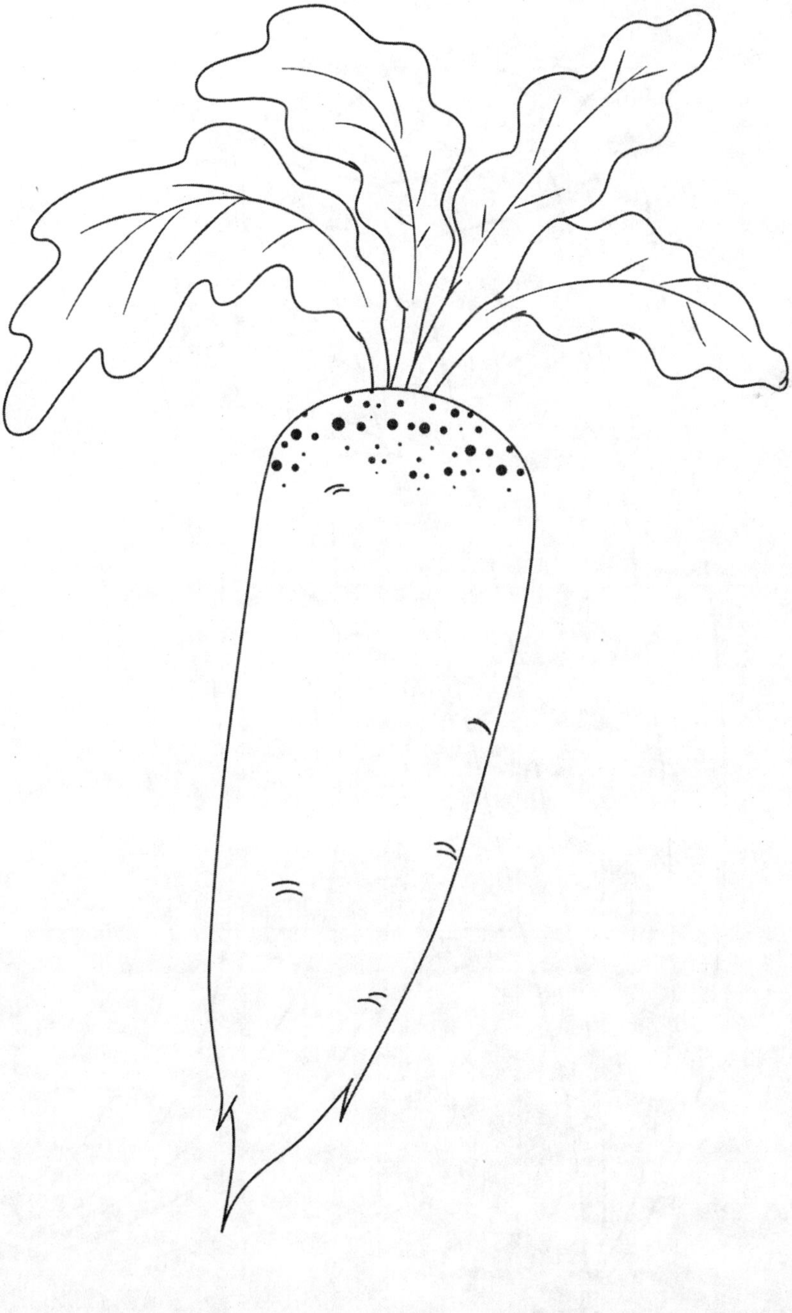

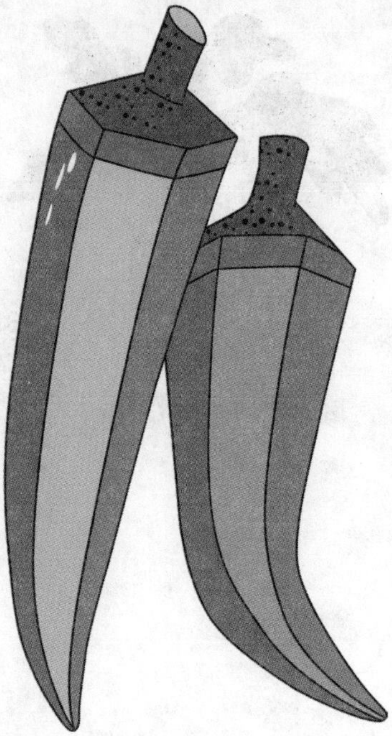
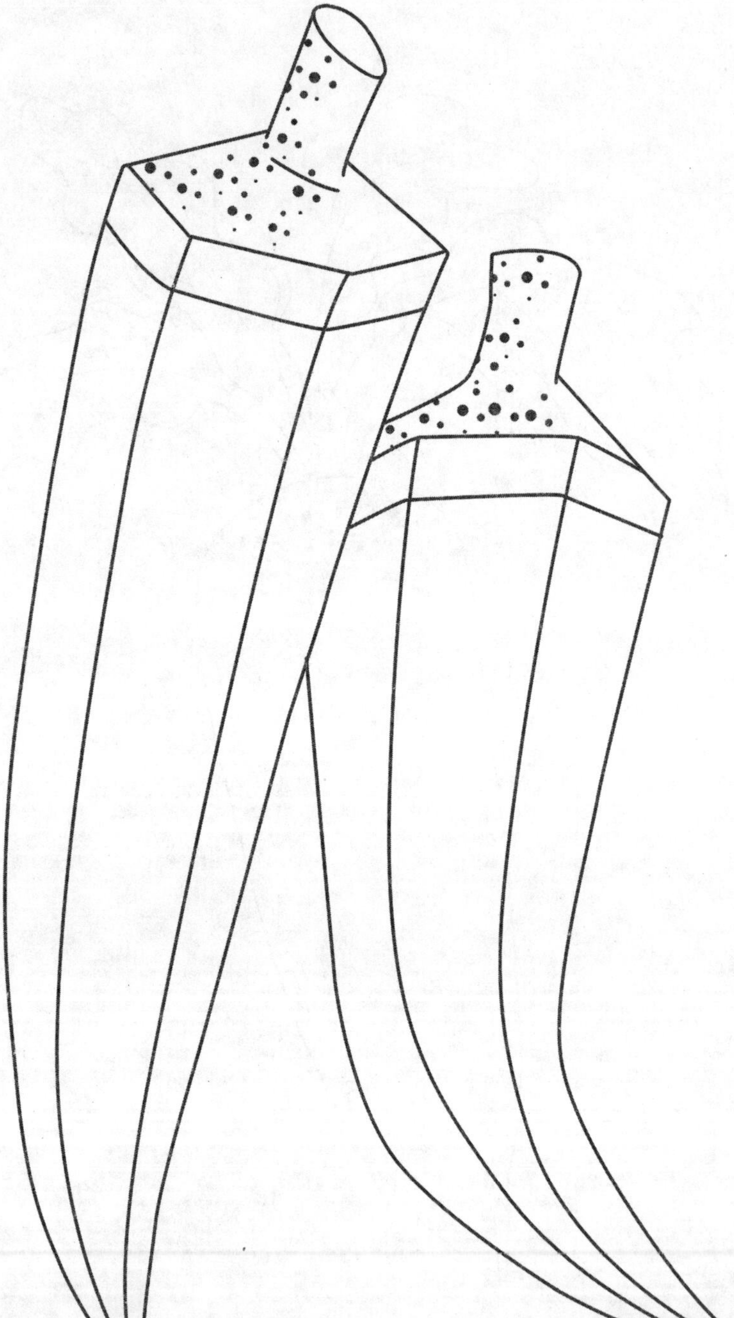